THIS JOURNAL BELONGS TO

To my children,
Roxy, Wendy, Chris and Jordan;
and my grandchildren,
Aiden, Jaselle and Brooklyn

SCRIBEABLES FOR KIDS®:100 DAYS OF WISDOM FROM PROVERBS©

Copyright© 2018 by Creative Flock Co
Published by CreateSpace Independent Publishing Platform and Kindle Direct Publishing (KDP),
Amazon self-publishing service.

Bible verses are from The Holy Bible, New American Standard Version® (NASB), copyright © 200'
Crossway Bibles.

ISBN: 9781793229809

Graphic Design: Claudia Parker

HOW TO USE
YOUR JOURNAL

READ IT

Before you read the verse, pray
and ask Jesus to help you learn from
His word. Then, go ahead and read the
verse. What does the verse mean?
If you do not understand, ask your
parents for help.

COPY IT

The next step is to copy the Bible verses.
This exercise will help slow down the
reading process, which allows you to
reflect and participate with God's word.
Also, copying the Bible verses will quickly
help you to commit it to memory.

FOLLOW IT

Now, the final step is to take study notes.
Ask yourself questions that will help you
apply this verse in your life, for
example, 'What is this verse teaching
me?" Ask your parents for help, if you
need it.

READ IT

DATE:

Proverbs 1:7

The fear of the Lord is the beginning of knowledge;
Fools despise wisdom and instruction.

COPY IT

Proverbs 1:7
The fear of the Lord is the begin
ing of knowledge; Fools despise wisdom
and instruction.

FOLLOW IT

READ IT

DATE:

Proverbs 1:23

Turn to my reproof, Behold, I will pour out my spirit on you; I will make my words known to you.

COPY IT

Proverbs 1:23

Turn to my reproof, Behold, I

will pour out my Spirit on you

; I will make my words known

to you.

FOLLOW IT

READ IT

DATE:

Proverbs 2:2

Make your ear attentive to wisdom, Incline your heart to understanding.

COPY IT

proverbs 2:2

Make your ear attentive to wisdom,

Incline your heart to understanding.

FOLLOW IT

READ IT

DATE:

Proverbs 2:6

For the LORD gives wisdom; From His mouth come knowledge and understanding.

COPY IT

proverbs 2:6
For the LORD gives wisdom;
From His mouth come Knowledge
and understanding.

FOLLOW IT

READ IT

DATE:

Proverbs 2:10

For wisdom will enter your heart And knowledge will be pleasant to your soul.

COPY IT

Proverbs 2:10

For wisdom will enter your

heart And knowslege will be pleasant

to your soul.

FOLLOW IT

READ IT

DATE:

Proverbs 3:3

Do not let kindness and truth leave you; Bind them around your neck, Write them on the tablet of your heart.

COPY IT

Proverbs 3:3

Do not let kindness and truth

leave you; Bind them around your

neck, Write them on the tablet of

your heart.

FOLLOW IT

READ IT

DATE:

Proverbs 3:5-6

Trust in the LORD with all your heart And do not lean
on your own understanding. 6 In all your ways acknow-
ledge Him, And He will make your paths straight.

COPY IT

Provereds 3:5-6
Trust the LORD with all your might
heart And do not lean on your own
under Standing. I all your ways
acknowledge Him. And He will make
your paths straight.

FOLLOW IT

READ IT

DATE:

Proverbs 3:7

Do not be wise in your own eyes; Fear the LORD and turn away from evil.

COPY IT

proverbs 3;7

Do not be wise in your own eye;

Fear the LORD and turn

away from evil.

FOLLOW IT

READ IT

DATE:

Proverbs 3:9

Honor the LORD from your wealth And from the first of all your produce.

COPY IT

Proverbs 3:9
Honor the LORD from your wealth
And from the first of all your produce.

FOLLOW IT

READ IT

DATE:

Proverbs 4:2

For I give you sound teaching; Do not abandon my instruction.

COPY IT

Proverbs 4:2
For I give you Sound tea ching;
Do not abandon my instruction.

FOLLOW IT

READ IT

DATE:

Proverbs 4:14

Do not enter the path of the wicked And do not proceed in the way of evil men.

COPY IT

Proverbs 4:14
Do not enter the path of the wicked
And do not proceed in the way of
evil men.

FOLLOW IT

READ IT

DATE:

Proverbs 4:18

But the path of the righteous is like the light of dawn,
That shines brighter and brighter until the full day.

COPY IT

Proverbs 4:18
But the path of the righteous is
like the light of dawn, That shines
brighter and brighter until the
full day.

FOLLOW IT

READ IT

DATE:

Proverbs 4:23

Watch over your heart with all diligence, For from it flow the springs of life.

COPY IT

Proverbs 4:23
Watch over your heart
with all diligence. For From
it flow the springs of life.

FOLLOW IT

READ IT

DATE:

Proverbs 5:21

For the ways of a man are before the eyes of the LORD, And He watches all his paths.

COPY IT

Proverbs 5:21

For the ways of a Man are before the eyes

of the LORD. And He watches all

his paths.

FOLLOW IT

READ IT

DATE:

Proverbs 6:6

Go to the ant, O sluggard, Observe her ways and be wise.

COPY IT

FOLLOW IT

READ IT

DATE:

Proverbs 6:20

My son, observe the commandment of your father
And do not forsake the teaching of your mother.

COPY IT

FOLLOW IT

READ IT

DATE:

Proverbs 6:23

For the commandment is a lamp and the teaching is light; And reproofs for discipline are the way of life.

COPY IT

FOLLOW IT

READ IT

DATE:

Proverbs 7:1-2

My son, keep my words And treasure my command-
ments within you. 2Keep my commandments and live,
And my teaching as the apple of your eye.

COPY IT

FOLLOW IT

READ IT

DATE:

Proverbs 8:6

Listen, for I will speak noble things; And the opening of my lips will reveal right things.

COPY IT

FOLLOW IT

READ IT

DATE:

Proverbs 8:13

The fear of the LORD is to hate evil; Pride and arrogance and the evil way And the perverted mouth, I hate.

COPY IT

FOLLOW IT

READ IT

DATE:

Proverbs 8:17

I love those who love me; And those who diligently seek me will find me.

COPY IT

FOLLOW IT

READ IT

DATE:

Proverbs 8:36

But he who sins against me injures himself; All those who hate me love death.

COPY IT

FOLLOW IT

READ IT

DATE:

Proverbs 9:6

Forsake your folly and live, And proceed in the way of understanding.

COPY IT

FOLLOW IT

READ IT

DATE:

Proverbs 9:11

For by me your days will be multiplied, And years of life will be added to you.

COPY IT

FOLLOW IT

READ IT

DATE:

Proverbs 9:13
The woman of folly is boisterous, She is naive and knows nothing.

COPY IT

FOLLOW IT

READ IT

DATE:

Proverbs 10:1

The proverbs of Solomon. A wise son makes a father glad, But a foolish son is a grief to his mother.

COPY IT

FOLLOW IT

READ IT

DATE:

Proverbs 10:4

Poor is he who works with a negligent hand, But the hand of the diligent makes rich.

COPY IT

FOLLOW IT

READ IT

DATE:

Proverbs 10:12
Hatred stirs up strife, But love covers all transgressions.

COPY IT

FOLLOW IT

READ IT

DATE:

Proverbs 10:18

He who conceals hatred has lying lips, And he who spreads slander is a fool.

COPY IT

FOLLOW IT

READ IT

DATE:

Proverbs 11:2

When pride comes, then comes dishonor, But with the humble is wisdom.

COPY IT

FOLLOW IT

READ IT

DATE:

Proverbs 11:17

The merciful man does himself good, But the cruel man does himself harm.

COPY IT

FOLLOW IT

READ IT

DATE:

Proverbs 11:22

As a ring of gold in a swine's snout So is a beautiful woman who lacks discretion.

COPY IT

FOLLOW IT

READ IT

DATE:

Proverbs 12:15

The way of a fool is right in his own eyes, But a wise man is he who listens to counsel.

COPY IT

FOLLOW IT

READ IT

DATE:

Proverbs 12:16

A fool's anger is known at once, But a prudent man conceals dishonor.

COPY IT

FOLLOW IT

READ IT

DATE:

Proverbs 12:22

Lying lips are an abomination to the LORD, But those who deal faithfully are His delight.

COPY IT

FOLLOW IT

READ IT

DATE:

Proverbs 12:25

Anxiety in a man's heart weighs it down, But a good word makes it glad.

COPY IT

FOLLOW IT

READ IT

DATE:

Proverbs 13:1

A wise son accepts his father's discipline, But a scoffer does not listen to rebuke.

COPY IT

FOLLOW IT

READ IT

DATE:

Proverbs 13:20

He who walks with wise men will be wise, But the companion of fools will suffer harm.

COPY IT

FOLLOW IT

READ IT

DATE:

Proverbs 13:24

He who withholds his rod hates his son, But he who loves him disciplines him diligently.

COPY IT

FOLLOW IT

READ IT

DATE:

Proverbs 14:1

The wise woman builds her house, But the foolish tears it down with her own hands.

COPY IT

FOLLOW IT

READ IT

DATE:

Proverbs 14:17

A quick-tempered man acts foolishly, And a man of evil devices is hated.

COPY IT

FOLLOW IT

READ IT

DATE:

Proverbs 14:21

He who despises his neighbor sins, But happy is he who is gracious to the poor.

COPY IT

FOLLOW IT

READ IT

DATE:

Proverbs 14:29

He who is slow to anger has great understanding,
But he who is quick-tempered exalts folly.

COPY IT

FOLLOW IT

READ IT

DATE:

Proverbs 15:1

A gentle answer turns away wrath, But a harsh word stirs up anger.

COPY IT

FOLLOW IT

READ IT

DATE:

Proverbs 15:20

A wise son makes a father glad, But a foolish man despises his mother.

COPY IT

FOLLOW IT

READ IT

DATE:

Proverbs 15:29
The LORD is far from the wicked, But He hears the prayer of the righteous.

COPY IT

FOLLOW IT

READ IT

DATE:

Proverbs 16:9

The mind of man plans his way, But the LORD directs his steps.

COPY IT

FOLLOW IT

READ IT

DATE:

Proverbs 16:18

Pride goes before destruction, And a haughty spirit before stumbling.

COPY IT

FOLLOW IT

READ IT

DATE:

Proverbs 16:24

Pleasant words are a honeycomb, Sweet to the soul and healing to the bones.

COPY IT

FOLLOW IT

READ IT

DATE:

Proverbs 17:9

He who conceals a transgression seeks love, But he who repeats a matter separates intimate friends.

COPY IT

FOLLOW IT

READ IT

DATE:

Proverbs 17:13

He who returns evil for good, Evil will not depart from his house.

COPY IT

FOLLOW IT

READ IT

DATE:

Proverbs 17:28

Even a fool, when he keeps silent, is considered wise;
When he closes his lips, he is considered prudent.

COPY IT

FOLLOW IT

READ IT

DATE:

Proverbs 18:10

The name of the LORD is a strong tower; The righteou
runs into it and is safe.

COPY IT

FOLLOW IT

READ IT

Proverbs 18:12

Before destruction the heart of man is haughty, But humility goes before honor.

COPY IT

FOLLOW IT

READ IT

DATE:

Proverbs 18:21

Death and life are in the power of the tongue, And those who love it will eat its fruit.

COPY IT

FOLLOW IT

READ IT

DATE:

Proverbs 18:24

A man of too many friends comes to ruin, But there is a friend who sticks closer than a brother.

COPY IT

FOLLOW IT

READ IT

DATE:

Proverbs 19:15

Laziness casts into a deep sleep, And an idle man will suffer hunger.

COPY IT

FOLLOW IT

READ IT

DATE:

Proverbs 19:17

One who is gracious to a poor man lends to the LORD,
And He will repay him for his good deed.

COPY IT

FOLLOW IT

READ IT

DATE:

Proverbs 19:26

He who assaults his father and drives his mother away Is a shameful and disgraceful son.

COPY IT

FOLLOW IT

READ IT

DATE:

Proverbs 20:1

Wine is a mocker, strong drink a brawler, And whoever is intoxicated by it is not wise.

COPY IT

FOLLOW IT

READ IT

DATE:

Proverbs 20:3

Keeping away from strife is an honor for a man, But any fool will quarrel.

COPY IT

FOLLOW IT

READ IT

DATE:

Proverbs 20:7

A righteous man who walks in his integrity - How blessed are his sons after him.

COPY IT

FOLLOW IT

READ IT

DATE:

Proverbs 21:1
The king's heart is like channels of water in the hand of the LORD; He turns it wherever He wishes.

COPY IT

FOLLOW IT

READ IT

DATE:

Proverbs 21:9

It is better to live in a corner of a roof Than in a house shared with a contentious woman.

COPY IT

FOLLOW IT

READ IT

DATE:

Proverbs 21:23

He who guards his mouth and his tongue, Guards his soul from troubles.

COPY IT

FOLLOW IT

READ IT

DATE:

Proverbs 22:15

Foolishness is bound up in the heart of a child; The rod of discipline will remove it far from him.

COPY IT

FOLLOW IT

READ IT

DATE:

Proverbs 22:17
Incline your ear and hear the words of the wise,
And apply your mind to my knowledge.

COPY IT

FOLLOW IT

READ IT

DATE:

Proverbs 22:24

Do not associate with a man given to anger; Or go with a hot-tempered man.

COPY IT

FOLLOW IT

READ IT

DATE:

Proverbs 23:9

Do not speak in the hearing of a fool,

For he will despise the wisdom of your words.

COPY IT

FOLLOW IT

READ IT

DATE:

Proverbs 23:15

My son, if your heart is wise,

My own heart also will be glad.

COPY IT

FOLLOW IT

READ IT

DATE:

Proverbs 23:17

Do not let your heart envy sinners,

But live in the fear of the Lord always.

COPY IT

FOLLOW IT

READ IT

DATE:

Proverbs 24:3

By wisdom a house is built,

And by understanding it is established.

COPY IT

FOLLOW IT

READ IT

DATE:

Proverbs 24:27

Prepare your work outside
And make it ready for yourself in the field;
Afterwards, then, build your house.

COPY IT

FOLLOW IT

READ IT

DATE:

Proverbs 25:9

Argue your case with your neighbor,
And do not reveal the secret of another.

COPY IT

FOLLOW IT

READ IT

DATE:

Proverbs 25:16

Have you found honey? Eat only what you need,
That you not have it in excess and vomit it.

COPY IT

FOLLOW IT

READ IT

DATE:

Proverbs 25:21

If your enemy is hungry, give him food to eat;
And if he is thirsty, give him water to drink.

COPY IT

FOLLOW IT

READ IT

DATE:

Proverbs 26:3

A whip is for the horse, a bridle for the donkey,
And a rod for the back of fools.

COPY IT

FOLLOW IT

READ IT

DATE:

Proverbs 26:11

Like a dog that returns to its vomit

Is a fool who repeats his folly.

COPY IT

FOLLOW IT

READ IT

DATE:

Proverbs 26:21

Like charcoal to hot embers and wood to fire,
So is a contentious man to kindle strife.

COPY IT

FOLLOW IT

READ IT

DATE:

Proverbs 27:2

Let another praise you, and not your own mouth;
A stranger, and not your own lips.

COPY IT

FOLLOW IT

READ IT

DATE:

Proverbs 27:9

Oil and perfume make the heart glad,

So a man's counsel is sweet to his friend.

COPY IT

FOLLOW IT

READ IT

DATE:

Proverbs 27:17

Iron sharpens iron,

So one man sharpens another.

COPY IT

FOLLOW IT

READ IT

DATE:

Proverbs 28:5

Evil men do not understand justice,

But those who seek the Lord understand all things.

COPY IT

FOLLOW IT

READ IT

DATE:

Proverbs 28:9

He who turns away his ear from listening to the law,
Even his prayer is an abomination.

COPY IT

FOLLOW IT

READ IT

DATE:

Proverbs 28:18

He who walks blamelessly will be delivered,
But he who is crooked will fall all at once.

COPY IT

FOLLOW IT

READ IT

DATE:

Proverbs 28:26

He who trusts in his own heart is a fool,

But he who walks wisely will be delivered.

COPY IT

FOLLOW IT

READ IT

DATE:

Proverbs 29:1
A man who hardens his neck after much reproof
Will suddenly be broken beyond remedy.

COPY IT

FOLLOW IT

READ IT

DATE:

Proverbs 29:9

When a wise man has a controversy with a foolish man, The foolish man either rages or laughs, and there is no rest.

COPY IT

FOLLOW IT

READ IT

DATE:

Proverbs 29:11

A fool always loses his temper,

But a wise man holds it back.

COPY IT

FOLLOW IT

READ IT

DATE:

Proverbs 29:15

The rod and reproof give wisdom,

But a child who gets his own way brings shame to his mother.

COPY IT

FOLLOW IT

READ IT

DATE:

Proverbs 29:17

Correct your son, and he will give you comfort;

He will also delight your soul.

COPY IT

FOLLOW IT

READ IT

DATE:

Proverbs 29:23

A man's pride will bring him low,
But a humble spirit will obtain honor.

COPY IT

FOLLOW IT

READ IT

DATE:

Proverbs 29:25

The fear of man brings a snare,

But he who trusts in the Lord will be exalted.

COPY IT

FOLLOW IT

READ IT

DATE:

Proverbs 30:5

Every word of God is tested;

He is a shield to those who take refuge in Him.

COPY IT

FOLLOW IT

READ IT

DATE:

Proverbs 30:25

The ants are not a strong people,

But they prepare their food in the summer.

COPY IT

FOLLOW IT

READ IT

DATE:

Proverbs 30:32

If you have been foolish in exalting yourself
Or if you have plotted evil, put your hand on
your mouth.

COPY IT

FOLLOW IT

READ IT

DATE:

Proverbs 31:10

An excellent wife, who can find?

For her worth is far above jewels.

COPY IT

FOLLOW IT

READ IT

DATE:

Proverbs 31:17
She girds herself with strength
And makes her arms strong.

COPY IT

FOLLOW IT

READ IT

DATE:

Proverbs 31:26
She opens her mouth in wisdom,
And the teaching of kindness is on her tongue.

COPY IT

FOLLOW IT

READ IT

DATE:

Proverbs 31:30
Charm is deceitful and beauty is vain,
But a woman who fears the Lord, she shall be praised.

COPY IT

FOLLOW IT

About **Creative Flock**

Claudia Parker is the owner and designer of Creative Flock. She is a stay-at-home mom who desires to live an intentional and set apart life that focuses in knowing Christ through His word. She enjoys creating products that exalt and proclaim the word in functional, stylish and modern designs. Claudia and her family are members of Grace Community Church in Sun Valley, California.

We hope this journal increases your adoration for Christ.

CREATIVE **FLOCK**

Made in the USA
Monee, IL
18 July 2020